Todos los libros de Linkgua Ediciones cuentan con modelos de Inteligencia Artificial entrenados por hispanistas. Pregúntale al chat de tu libro lo que desees acerca de la obra o su autor/a.

Para ebooks: Accede a nuestro modelo de IA a través de este enlace.

Para libros impresos: Escanea el código QR de la portada con tu dispositivo móvil.

Obtén análisis detallados de nuestros libros, resúmenes, respuestas a tus preguntas y accede a nuestras ediciones críticas generativas para una experiencia de lectura más enriquecedora.
La transparencia y el respeto hacia la autoría de las fuentes utilizadas son distintivos básicos de nuestro proyecto. Por ello, las respuestas ofrecen, mediante un sistema de citas, las fuentes con las que han sido elaboradas.

Ricardo Güiraldes

Notas biográficas

Barcelona 2024
Linkgua-ediciones.com

Créditos

Título original: Notas biográficas.

© 2024, Red ediciones S.L.

e-mail: info@Linkgua-ediciones.com

Diseño de cubierta: Michel Mallard.

ISBN rústica: 978-84-9816-579-1.
ISBN tapa dura: 978-84-1076-042-4.
ISBN ebook: 978-84-9953-361-2.

Sumario

Brevísima presentación

La vida

Ricardo Güiraldes nació en una acaudalada familia en la Argentina que se fue a Francia cuando él cumplió un año. Pasó los primeros cuatros de su vida en Europa y aprendió a hablar francés y alemán.

Más tarde vivió en Argentina, en una casa en la ciudad y en la estancia La Porteña, en San Antonio de Areco. Su infancia en el campo lo acercó el ambiente gauchesco.

Estudió arquitectura y derecho pero no terminó su formación universitaria. Tuvo entonces una vida de dandy en Europa hasta que se casó con Adelina del Carril en 1913.

Fue amigo de Jorge Luis Borges con quien fundó las revistas *Martín Fierro* y *Proa*.

A modo de autobiografía

Proyecto de carta, para Guillermo de Torre[1]

---

1   Se refiere al ensayista, poeta y crítico literario y de arte español per-
teneciente a la Generación del 27. Guillermo de Torre (Madrid,
1900-Buenos Aires, 14 de enero de 1971) fue además cuñado de Jorge Luis Borges. (N. del E.)

Buenos Aires, junio 27 de 1925

Mi querido Guillermo:

Estoy desde ayer con su libro. ¿Sabe que mis esperanzas están en él sobradas y que a pesar de la confianza con que lo aguardaba ha sabido suscitar en mí la impresión de un acontecimiento?

Hace unos años (creo que tenía la inteligencia dolorida de soledad), las crónicas de Lalou me proporcionaron la alegría siguiente: poder contar con un libro que quisiera mis cariños... aunque lo de Laforgue me encabritó pensando no se le hacía justicia; gran justicia según a mi entender merecía.

Ahora me explico por qué me pedía usted mis obras anteriores, como también me explico que en un párrafo de una carta a Borges le preguntara cuál era mi posición entre los jóvenes. Estaba usted haciendo su historia de lo que se llama «movimiento literario moderno» y quería tener hasta el más ínfimo dato. Bien: Yo no le mandé *El cencerro de cristal*, ni el volumen de *Cuentos*, ni *Raucho*, ni *Rosaura*, porque pasaba por un momento de ansia correctiva y no me era grato que cayera en sus simpáticas manos de gustador un volumen lleno de desorden, según mi actual criterio. Digo un volumen porque pienso ante todo en *El cencerro*.

No creía que su análisis de los valores y esfuerzos actuales fuera tan personal, tan ahondado y tan fechado. Más bien imaginé un canto a las energías actuales con una que otra cita individual.

Me he equivocado y creo francamente que en su erudición avasalladora alguna información directa sobre mí no hubiera sido inútil. No sé cómo excusarme.

Pero vamos al tono amistoso. Es usted indudablemente el crítico claro, entusiasta, valiente, poeta y largamente documentado del momento actual, tan grávido de tendencias y personalidades divergentes. En el albor de su obra toma usted a los escritores sin temor a errar y los analiza audazmente dejando a un lado la prudencia que muchos hubieran tenido, tratándose de escritores en pleno poder creativo o en simple aurora de sensibilidad. Casi todos sus criticados tienen un mañana más fecundo en consecuciones que su ayer. No importa. Hay que tratar de definirlos y usted los define casi a priori. Grande intuición en que usted confía y yo también. En cuanto a la historia ordenada de los ismos, grupos y tendencias colectivas que me sirve como servirá a muchos para clarificar su visión de la actual barahúnda polémica, logra usted una precisión utilísima. Su libro además de evidenciar sus fuertes cualidades personales, será una guía imprescindible para el caminante, que hoy tantas veces se ha roto la orientación contra mentiras y datos insuficientes sobre el panorama. Usted va a restituir el equilibrio a muchos borrachos intoxicados en el boliche de la critiquería incomprensiva. ¡Bravo y gracias!

Voy a hacer para *Proa* una nota sobre «Literaturas europeas de vanguardia».

Ahora unas anotaciones de lector y algunas tardías informaciones biográficas:

No sabía nada de escuelas ni grupos cuando empecé mi carrera.

He vivido de muchacho sin tener casi noción de lo que podían ser como individuo los escritores. En cuanto a sospechar que tenía uno muy a mano, eso no me sucedió ni en el delirio de la escarlatina. Creo recordar como debut un diario infantil hecho en la Estancia, comentarios del día acompañados de dibujos: Debía ser algo así: «Esta tarde hemos ido al río con mi tío Guillermo y Pepe (hermano mío), hemos matado cuises, que es un animal como un ratón sin cola (aquí un dibujito). Mi tío mató uno de una pedrada, parece mentira por lo ligero que corren que casi no se ven. Mañana hay rodeo en el potrero de la invernada, me voy a divertir, voy a ensillar el petizo picazo que ya se le pasó la manquera. Papá no nos deja correr...».

A los doce años, estando por unos meses separado de mis padres, les escribía unas cartas en las cuales encontraba inexplicable placer.

A los diecisiete o dieciocho años empecé mi primera novela. Un noviazgo del más bajo romanticismo iba a ser el pretexto, pero nunca llegué a entrar en materia. Después de haber escrito setenta páginas con descripciones y estados de espíritu cursis, me acobardé porque preveía que en ese tren llenaría tres mil carillas antes de entrar en el argumento. Visto que la novela iba a ser un poco larga la abandoné.

De vez en cuando hacía descripciones. Me acuerdo de un campo que «chirriaba en verde agudo», pero no sé si eso no pertenece a la novela de la cual subsiste un párrafo en un cuento intitulado «La estancia vieja», publicado diez años después, como también otro en un «San Antonio» incluido al final de los *Cuentos de muerte y de sangre*. Como ve, no he sido precoz. Pero prefiero hablar de mis lecturas que son un capítulo más curioso.

(5, 6, 7, 8, 9, 10 años)

Mis padres fueron a Europa cuando yo tenía un año y pasaron allí cuatro. Volví hablando francés y alemán. Este último idioma presenció mis primeras aficiones al libro. Usted que tanto conoce, sabrá la importante biblioteca que puede tener un chico alemán. Sabía de memoria *Max und Moritz*. Leía los cuentos de los Brüder Grimm, los Andersen Märchen, miles de historias de aventuras en la India, África, América. Recuerdo *Mali der Schangenbändegir, Durch Urwald und Wustensand, Im Goldland Kalifornia...*, etc. Un héroe de novela americana se llamaba Lederstrumf, lo que quiere decir media de cuero. Recién hace poco me he dado cuenta que esa media de cuero debía ser la bota de potro. Pero aunque yo viera en la Estancia esta prenda de vestir no la identificaba con la de la historia, como tampoco imaginaba que algún tape de la vecindad pudiera pertenecer a la misma raza que los héroes de algunos de los fantásticos relatos alemanes. No creía tampoco que el peón de cocina que se decía «alemanero» pudiera ser el brillante personaje que rueda en el fulgor de sus hazañas entre un pueblo salvaje de gauchos. ¡Era tan infeliz, tan casero y tan maturrango!

(12, 13, 14 años)

Siguiendo esta racha de infantiles relatos alemanes, salté a Julio Verne, a *Los tres mosqueteros*, a todo Dumas y por allí a una desordenada voracidad libresca que convirtió mi cabeza en un cambalache de compra y venta. Había cambiado de idioma y ese cambio fue total. Por esa época también caí de cabeza en una extraña arca hispana: Campoamor, Espronceda, Núñez de Arce, Bécquer, Jorge Isaacs... No había tenido suerte y seguí con el francés.

Ya estoy más o menos cerca en la época de mi novela kilométrica.

(15, 16, 17 años)

Trato de ser lo más fiel posible, aunque ahora entre en el verdadero maremágnum. Rubén Darío, Schopenhauer, Lugones, Samain, La Biblia, France, Nietzsche, Gorki, Dostoievski, Maupassant, Dickens, Spencer, Michelet, Flaubert, Lamartine, Víctor Hugo, Zola, Rabelais, Eugène Sue... Lo devoraba todo con una cabeza que era a los libros lo que el estómago de un avestruz al alimento.

(18, 19 años)

Qué pasiones sucesivas y hasta simultáneas nacieron entonces en mí por algunos libros y algunos autores. Renan, Flaubert, Zola, Nietzsche. A France por escasez, a Hugo por exceso, no pude quererlos nunca totalmente, como tampoco a Zola, en quien encontraba a veces satisfacción para mi lirismo y empacho de ordinariez. ¡Qué atento estaba a Balzac! Pero Flaubert fue una atracción que se mantuvo y se mantiene firme. No era bovarista. Las *Tentaciones*, *Salambó* y *Saint Julien* eran libros que releía casi a diario. Lo mismo hacía con La Biblia y con el *Zarathustra*. La educación intelectual, moral y física de Spencer la tenía tapada de apuntes marginales y la Vida de Jesús me parecía lo más inteligente que se hubiera escrito al través de los tiempos.

Entretanto, apuntaba mis propias elucubraciones, pensamientos, paisajes, etc., sin darme cuenta que iba esbozando el poema en prosa. Era inventar el paraguas, pero no me preocupaba mayormente de lo que hacía, seguro de que el escritor, fuera poeta o filósofo, era un tipo peludo, sapiente, especialmente nacido para escribir, en un ambiente propicio y atento a las grandes palabras que se le salían de la boca como pesas de hierro capaces de voltear paredes.

Cuando yo quería tomar esa actitud equivocando mi persona con un libro, todos se reían como era debido.

(20 años)

Por La Ilíada (otra pasión) entré en la literatura francesa más actual. No es paradoja ni chiste. Quien me llevó fue el traductor Lecomte de Lisie. No sé cómo, pero al poco tiempo estaba en los Parnasianos, en Villiers y en seguida en Baudelaire, y por Baudelaire en Bertrand. Y aquí debería hacer otra lista: Poe, a quien atendí mucho más que a su traductor el gran poeta francés, me precipitó en otro mundo de conquistas sensitivas y exaltadas. Ya iba yo sacando un orden de mis despilfarradas lecturas. Poe, Baudelaire, Villiers de L'Isle-Adam, Flaubert, sobrenadaban como favoritos, aunque los rusos me cautivaron como una jaqueca del alma. Creo que Poe y sobre todo el autor de *Saint Julien l'hospitalier* se abrogaban los primeros puntos. Ahora bien, a los verdaderos practicantes del poema en prosa se da el privilegio de su creación. Creo que en mí fue Flaubert el propulsor. Su prosa tan cuidada en las chutes de *phrases* y que pasaban por la rígida prueba del *gueuloir* sugerían la intención de dignificar sus cadencias, sus ritmos y sus amplias sonoridades haciéndola vivir sin pretextos de tramas ni argumentos, por su propio mérito poético. No faltaba al estilo de Flaubert más que un muy pequeño golpe de hombro para hacerlo caer en el poema. Y, ¿no será *Salambó* un largo poema en prosa, como más modestamente lo es *Xamaica*, y como de intento lo fue *Raucho?*

En todo caso uno quedaba envenenado por aquel sortilegio de belleza y el afán de trabajar la prosa en toda la riqueza de sus amplias cadencias, libres de maneas y retintines. No creo, mi querido Guillermo, que haya yo hecho nada, con premeditación. Ignoraba en absoluto lo que pudiera ser una escuela que lleva como propósito exaltar determinadas formas. A exigencias personales se juntaban influencias y, naturalmente como quien escribe sin saberse escritor, fui colocando los primeros pasos que después me servirían, revisándolos, para extraer de ellos su lógica como métier y sus méritos como originalidad.

Nunca, ni aun ahora, me propuse hacer algo moderno, ni clásico ni romántico; hacía simplemente, ayudándome, eso sí, con algunos apuntes, teorías nacidas de mis propias experiencias.

Así, por ejemplo, llegué al afán de ser conciso del siguiente modo. Había apuntado unos esquemas de *Cuentos*. Cuando fueron varios los revisé. Me pareció que aquello, tan naturalmente hecho, no necesitaba de más palabras ni circunloquios. Entonces apunté la teoría de mis cuentos en una tarjeta que todavía guardo con un montón de otras de catadura análoga: «Quisiera que mis cuentos fueran extractados, breves, concisos. Lo que más me gusta de mi mano es el puño».

Estoy anticipando, pues este período consciente data de París cuando yo tenía veinticuatro años. Puede seguir viendo que yo no era precoz.

(21 años)

Después que Flaubert me sugiriera el poema en prosa, Baudelaire, Bertrand y Oscar Wilde me mostraron que ellos lo hacían. Tal vez la forma de hacerlos que más me gustaba entonces era la de Oscar Wilde. Pero, ¿no anticipaban el poema en prosa la lectura de La Biblia y de Nietzsche? En el caso de mis recuerdos es difícil ahora sacar deducciones concretas.

¡Conocí a Mallarmé!!!

Algunas cosas mías empezaban a justificarse y comencé a sentirme no solo escritor, sino descubridor de pequeñas Américas literarias. Creció mi aplomo, que fuera de la literatura era ya muy grande, y comencé a anhelar el trabajo. Y ahora debo confesar mi ignorancia respecto a ciertos recursos que forzosamente hacen este relato del pasado un tanto confuso.

(22, 23 años)

Caí en la chifladura de Rousseau. ¿Por qué? ¿Qué significaba este salto? No sé. A todo esto me creía músico. No sé tampoco cómo contestarme a mí mismo en esto, pero cito el caso por lo mucho que ha influido en mi desarrollo literario mi asistencia a conciertos, óperas, etc. Verdaderamente creo que en esos años ningún otro arte me poseyó más totalmente. También por esas épocas suscribí mi descreimiento filosófico. He aquí el testamento que vive en otra de mis dichosas tarjetas: «Ricardo, como algunos antiguos filósofos, se había hecho arrancar los ojos para mejor concentrarse en las puras especulaciones intelectuales, y desde entonces vivió en la más profunda oscuridad».

(24 años)

En 1910 me fui a Europa y quedé allí, en París, después de un viaje a Extremo Oriente, hasta 1912.

Entonces tenté la aventura, no queriendo vivir de actitudes infundadas. Escribí cuentos y poemas, y ya tenía un principio de borrador para *Raucho* (novela). Éstos fueron los fundamentos de los tres libros que, trabajados simultáneamente, había de publicar: unos cinco años más tarde *El cencerro de cristal* y *Cuentos de muerte y de sangre*; siete años más tarde, es decir, dos después de los citados, *Raucho*.

(25 años)

En París, pues, me decidí *une fois pour toutes*, diría Laforgue, a convertirme en escritor. En los dos años y pico de mi estadía leí muy poco si mal no recuerdo.

(26 años)

A fines de 1912, de vuelta en Buenos Aires, conocí recién a Laforgue y Tristán Corbière, los uní en mi predilección con Mallarmé, aunque mi viejo cariño por Flaubert no sufriera de esto. Rimbaud no formaba en el escaso block de mis admiraciones incondicionales. ¡Por fin me encontraba en la expresión de los más sutiles sentimientos y formas de mi predilección! Bajo la influencia de Laforgue, al que adoraba literalmente, escribí «Salomé» y «La hora del milagro». Corbière era un gaucho de la pampa acuática, ebrio de temporal, que también me entraba en el alma. A todo esto Mallarmé parecía crecer.

(27 años)

En 1913 me casé, retomé mis poemas, mis cuentos, mi novela
con renovado empeño, enardecido por mis verdaderos maes-
tros que podía nombrar así: Flaubert, en mi gran respeto y
mi admiración no menguada; Mallarmé, Laforgue, Corbière,
muy cerca de todos mis pensamientos cotidianos y con un
verdadero sentimiento de amor.

Ya de novio había publicado en *Caras y Caretas* mi primer
cuento. ¡Qué precocidad! Tenía veintisiete años. Siguieron
catorce relatos en la misma revista y como el tiempo transcu-
rriera y mis dos volúmenes estuvieran casi concluidos los leí
en parte a Lugones, que me aconsejó su publicación. Trabajé
tanto las comas y los puntos que acabé por ponerlos mal.
Ya imaginaba la suerte de mis libros, a pesar de lo cual los
publiqué en 1915.

(28 años)

Y aquí viene lo de la música. La primitiva puntuación de mis poemas debió ser, en cuanto a pausas, importancia de ciertas frases, acentuaciones especiales, etc., musical.

Debí emplear signos musicales, es decir valoraciones de una o varias sílabas por el punto, apoyatura de otras, esenciales, por el calderón, ligaduras, fuertes, pianos, silencios...

Y esto se explicaba porque los imaginaba tan dichos que casi eran cantados. ¿Hice mal en no hacerlo? Mi pobre amigo estaba tan, tan solo; bastante audacia era ya simplemente publicar.

(29 años)

Previendo justo no quise mandar ejemplares a los diarios. Alberto Girondo se empeñó en hacerlo él, y mi padre me acusaba de orgullo tonto. Allí fueron en manos de Girondo, mientras yo mandaba personalmente a algunos críticos (!) amigos. En cambio a escritores, como obligación de cortesía por parte de un novicio, mandé a destajo. Por ahí tengo una lista que si la encuentro incluiré. ¡Fracaso completo! Hasta en mi familia, no la inmediata, a la cual mandé los libros por cumplir, me encontraba a veces *El cencerro* con marcas de uña y de lápiz en frases que debían haber saboreado por ridículas. «Pulcro botón de calzoncillo» fue un apóstrofe a la Luna que halló celebridad. Del resto de mi familia y amigos a quienes había mandado los dos volúmenes, no conocí más que un vergonzante silencio. Eso sí, he tenido la suerte rara de que todos los míos, padres, hermanos, mujer, estuvieran de mi parte sin ambages.

Pero ¡qué coherente y múltiple fracaso! Por reírse de *El cencerro* nadie compró los *Cuentos*, de los que al cabo del año me liquidaron siete ejemplares.

Ni bien concluí mis publicaciones, para descansar de las frases prietas y los argumentos si no brutales, tensos en anhelo o en risa, escribí *Rosaura*: un alma simple, un jardín ingenuo y cursi por sobre el cual pasan la primavera, el verano y el otoño. Una chica que representa el alma del pueblo, un tren que representa la atracción de un más allá funesto. Me bañé de ternura. En *El cencerro* como en los *Cuentos* y *Raucho* había desterrado en absoluto las palabras emputecidas por el bajo uso tales como: suave, tierno, melancolía, y la generalidad de los vocablos de este tono. Eran para mí palabras manoseadas como nalgas y me encabritaba contra su atracción... No quiero extenderme sobre esto que merecería mucho espacio por todas sus causas en mí. En *Rosaura* me vengué de estas ausencias. *Rosaura* era intencionalmente tierna, cursi, melancólica, etc. La niña que se suicida por el mocito hermoso y cruel. Hice *Rosaura* en veinte días, a capítulo por día. En esos momentos, Horacio Quiroga, que empezaba a lanzar una edición popular de novelas cortas, me pidió colaboración. Le mandé *Rosaura*, a quien por motivos de venta se cambió el nombre, intitulándola: Un idilio de estación.

(31 años)

Seguidamente trabajé *Raucho* publicándolo en 1917. Ese mismo año, en un viaje a las Antillas, empecé *Xamaica* con unas notas.

Mi soledad seguía siendo siempre la misma. Los éxitos de prensa y de venta iguales, aunque se me favoreciera con algunas críticas protectoras.

Entretanto la guerra me había desorbitado, y fue ése un periodo de vida pesimista y triste aunque no cediera a los malos consejos de mi desánimo.

(33, 34, 35 años)

En 1919, cuando iba a partir a París, Diehl puso entre mis manos el Barnabooth. El resto está más o menos narrado en mis crónicas de *Proa* sobre Larbaud, Romains, Fargue, Saint-Léger, etc. A fines de 1920 estaba de retorno en Buenos Aires. En 1922 volví para Europa, de donde regresé en diciembre del veintidós. Antes de este viaje escribí los *Poemas solitarios*, que son varios, y de los cuales publiqué tres en el primer número de *Proa*.

(37 años)

En 1923 publiqué *Xamaica*. La prensa me trató blandamente bien y liquidé en el año noventa ejemplares.

(38 años)

Poco tiempo después Oliverio, oponiéndose a mi soledad, me puso en contacto con los jóvenes: Borges, Brandán, Vignale, Cané, Ledesma, Palacio... Fue en los días de la aparición de *Martín Fierro* y de las primeras reuniones del frente único.

Por pereza mía tal vez, no conocía a ninguno de ellos, como tampoco ellos me conocían sino de nombre, vagamente.

Creo que estaría de más hablarle de mi alegría: algo muy profundo. El hecho de que los muchachos tuvieran muchas ideas afines de las mías me llenaba de goce y era una confirmación en el tiempo de mis solitarios anhelos. Mejor aún era pensar que esas ideas no se debían en modo alguno a influencia ejercida por mí (como lo sospechaba Larbaud en cuanto a Borges, tan distinto), sino que habían fructificado solas, como una necesidad del momento. Poco tiempo después, por Brandán y Borges, sobre todo por este último, conocí los nombres de ustedes los jóvenes españoles y me instruí acerca de vuestras ideas y obras. Después he conocido a otros, de aquí, del Uruguay, Chile, etc. ¡Qué panorama amplio para mis ojos acostumbrados a un horizonte desesperadamente vacío!

(39 años)

Estoy trabajando *Don Segundo Sombra*.
NOTAS

(17, 18 años)

Vivía en casa un señor mexicano, profesor nuestro, que hacía cierto caso de mis intenciones literarias. Ante mis descripciones decíame siempre que debía intentar una novela de argumento bien construido. Dije que eso no tenía importancia, pudiendo hacerlo yo en un día.

Aquel buen hombre se rió, y ofendido en mi amor propio hice un complejo y feroz argumento de novela psicológica. El primero y hasta ahora el último.

Escribiendo al mismo tiempo los *Cuentos* y *El cencerro* satisfacía dos anhelos bien distintos. En los *Cuentos* me ceñía a un estilo de concisión que cuadrada con la parquedad del gaucho en el hablar. En ellos describía cosas y tipos que quería desde mi infancia. En *El cencerro* desfogaba mi fantasía y mis grandes emociones en una autoexaltación ritmada.

Raucho fue una autobiografía de un yo disminuido. Iba a llamarse algo así como Los impulsos de Ricardito, pretendiendo yo entonces que poseemos en nosotros un personaje a nuestra imagen, pero disminuido, que nos hace cometer todas nuestras tonterías. Después el libro evolucionó naturalmente hacia un personaje autónomo.

(25, 26, 27 años)

Pensando siempre en música, hacía proyectos de sonatas, sinfonías y fantasías. Para darme el tema de un tiempo apuntaba, por ejemplo, para un allegro: «¡Oh, faunos, silvanos, ninfas y dríadas, amaneced a la vista del poeta!». Lo que no deja de tener algo de paisaje musical alemán.

Otras veces, con el mismo intento construía todo un poema en prosa: «La Luna riela su acorde quieto sobre la arena, la arena, la arena...». «Un trozo moderno» es típico como tal. También éste: «Tarde, tarde cae la tarde...», etc. «Está el llano...» era un estirado unísono. «Última» una *berceuse*.

En definitiva, la idea de apunte musical ocasionó mis primeros poemas y vive en casi todos ellos.

(32, 33 años)

A Rimbaud lo conocí totalmente en París en 1919. Sin embargo, Larbaud lo cita como influencia visible: «huir lo viejo, beber lo que viene...», «partir dans... et les bruits neufs». El origen de mi poesía, cuya descendencia de los simbolistas era tan evidente para Valerio, no lo era para mí. Pero qué más quería yo que aquel parentesco que satisfacía mi cariño.

Esquema de vida material

(5, 6, 7, 8, 9, 10 años)

Por el trabajo de mi padre pasábamos lo más del tiempo en la Estancia. Dos inviernos, si mal no recuerdo, estuvimos sin venir a la ciudad. Los demás años la vida se dividía así: Estancia en primavera, verano y otoño; en invierno, tres meses, vida familiar con abuelos, tíos, etc., en una quinta en el Caballito. Esto está más o menos apuntado en *Raucho*. En todas mis andanzas infantiles he tenido a mi hermano menor como compañero inseparable. Aunque tenía éste casi dos años menos que yo, éramos del mismo tamaño así como de los mismos gustos.

(11, 12, 13, 11, 15, 16, 17 años)

Mi vida se dividía entre el colegio en invierno y la Estancia en el verano. Las andanzas de *Raucho* significan con bastante exactitud las mías. Hasta los catorce años tuve asma infantil. Por eso fui dos veranos al mar en Quequén, ciudad en veremos rodeada de campos de propiedad de nuestra familia.

(18, 19, 20, 21 años)

A los diecisiete concluí el bachillerato, menos dos materias en las que había sido aplazado. Vieja costumbre. Entré a la facultad de arquitectura, donde estuve un año sin estudiar casi nada. Al año siguiente ingresé en derecho, donde ocurrió lo mismo. Estaba al mismo tiempo de escribiente en una secretaría de juzgado. En los exámenes me dieron una de ceros... Mi padre, con sobrada razón, se opuso a que siguiera atorrante so pretexto de estudios. Fui sucesivamente ayudante de pagador en un banco, corrector de avisos notables en una casa de remates, empleado de caja de una casa de consignación. No pensaba sino en escribir, leer, irme a Europa y correr tras las mujeres. Los cambios de empleo se debían en gran parte a que, llegada la primavera, me entraba una especie de furor por salir al campo. Esto costaba mi trabajo y volvía a dejarme en posición de candidato cada año.

(22 años)

Entré como empleado en el Congreso, donde permanecí hasta mi ida a Europa.

(24 años)

Raucho fue empezado a los veinticuatro años, en Granada. Desde el hotel Alhambra, donde pasaba unos días tranquilos, quise apuntar un breve cuento de ambiente parisién. El interés era confrontar más tarde la realidad con lo que había imaginado. Esta primer parte se amplió luego en París con lo que intitulaba: Los comentarios de Ricardito, pequeño personaje subalterno que todos llevamos dentro, que nos hace cometer todas nuestras tonterías, y a que a veces miramos con cariño, otras con desprecio. De estos «comentarios» queda poco o nada en *Raucho*.

(28, 29, 30 años)

Más tarde, en la Estancia retomé este borrador defectuoso y lo arreglé (muy insuficientemente) completándolo con toda la primera y última parte. Esto lo hice con notas nuevas y muchas dispersas, de las cuales algunas existían desde hacía ocho, nueve y hasta diez años. En realidad *Raucho* estaba hecho ya pero el juntar y remozar sus fragmentos es algo que no he logrado como me lo proponía. (Pienso arreglar eso.)

Las tarjetas con que ayudaba mi trabajo eran consejos que me daba. Así por ejemplo: «Escribir mucho, mucho, hasta que los lugares comunes se vayan de la pluma». Esto no lo practiqué porque me era imposible trabajar en cantidad sin repugnancia. Lo hice solo parcialmente y he quemado luego los adefesios estos de desecho. Trabajaba por frase corta, por poema corto, por verso y cuento corto, y en novela por capítulo corto.

R. G.

Libros a la carta

A la carta es un servicio especializado para
empresas,
librerías,
bibliotecas,
editoriales
y centros de enseñanza;
y permite confeccionar libros que, por su formato y concepción, sirven a los propósitos más específicos de estas instituciones.

Las empresas nos encargan ediciones personalizadas para marketing editorial o para regalos institucionales. Y los interesados solicitan, a título personal, ediciones antiguas, o no disponibles en el mercado; y las acompañan con notas y comentarios críticos.

Las ediciones tienen como apoyo un libro de estilo con todo tipo de referencias sobre los criterios de tratamiento tipográfico aplicados a nuestros libros que puede ser consultado en Linkgua-ediciones.com.

Linkgua edita por encargo diferentes versiones de una misma obra con distintos tratamientos ortotipográficos (actualizaciones de carácter divulgativo de un clásico, o versiones estrictamente fieles a la edición original de referencia).

Este servicio de ediciones a la carta le permitirá, si usted se dedica a la enseñanza, tener una forma de hacer pública su interpretación de un texto y, sobre una versión digitalizada «base», usted podrá introducir interpretaciones del texto fuente. Es un tópico que los profesores denuncien en clase los desmanes de una edición, o vayan comentando errores de interpretación de un texto y esta es una solución útil a esa necesidad del mundo académico.

Asimismo publicamos de manera sistemática, en un mismo catálogo, tesis doctorales y actas de congresos académicos, que son distribuidas a través de nuestra Web.

El servicio de «libros a la carta» funciona de dos formas.

1. Tenemos un fondo de libros digitalizados que usted puede personalizar en tiradas de al menos cinco ejemplares. Estas personalizaciones pueden ser de todo tipo: añadir notas de clase para uso de un grupo de estudiantes, introducir logos corporativos para uso con fines de marketing empresarial, etc. etc.

2. Buscamos libros descatalogados de otras editoriales y los reeditamos en tiradas cortas a petición de un cliente.